RECETTES POUR BIEN DÉMARRER LA JOURNÉE

GREEN SMOOTHIE BOWLS

• LA BIBLE •

Fern Green
photographies de Beatriz De Costa

RECETTES POUR BIEN DÉMARRER LA JOURNÉE

GREEN SMOOTHIE BOWLS

• LA BIBLE •

Marabout

SOMMAIRE

Booster son apport en vitamines et minéraux 78

Augmenter l'apport en protéines 116

INTRODUCTION

Depuis quelques années, on consomme de plus en plus de smoothies. Ils sont désormais tellement appréciés que certains commencent à les préférer aux bols de céréales matinaux. En plus d'être très nourrissants, les smoothie bowls sont délicieux et appétissants. Ils sont parfaits après une activité sportive, pour un déjeuner sur le pouce ou même en dessert, en fonction de leur composition.

Qu'est-ce qu'un smoothie bowl ?

Le smoothie bowl est une nouvelle manière de consommer un smoothie, avec une cuillère plutôt qu'une paille. Le matin, au lieu de mettre du lait et des céréales dans votre bol, versez-y un smoothie riche en nutriments, puis garnissez-le de fruits savoureux et de granola croustillant. Il n'y a rien de meilleur !

Pour épaissir un smoothie et lui donner de l'onctuosité, utilisez des fruits surgelés (de la banane, par exemple, un ingrédient de base particulièrement pratique) ou ajoutez quelques glaçons.

Le smoothie bowl peut être adapté à l'infini. La seule limite sera votre imagination (ou, parfois, le contenu de votre réfrigérateur). Ne vous lassez plus jamais du petit déjeuner grâce à cet ouvrage qui vous livrera de nombreux conseils utiles ainsi que des recettes gourmandes et créatives.

N.B. : Les informations données dans ce livre vous permettent d'adopter une alimentation saine. Elles ne se substituent en aucun cas à un avis, un diagnostic ou un traitement médical professionnel.

INGRÉDIENTS INDISPENSABLES

Au moment de choisir les parfums de votre smoothie, laissez-vous guider par vos envies du jour. Si un apport énergétique conséquent s'impose, garnissez le bol de granola, de fruits en tranches ainsi que d'une bonne dose de fruits secs et de graines. Avec des aliments riches en protéines, vous serez rassasié pendant plus longtemps (voir chapitre 4, p. 116). Si vous avez envie de douceur au petit déjeuner, ajoutez du beurre d'oléagineux et parsemez le bol de pépites de chocolat... un délice !

Comment préparer votre smoothie bowl ?

Choisissez au moins un ingrédient dans chaque colonne. Tous auront une incidence sur la consistance du smoothie. Faites des tests et voyez ce qui vous convient le mieux. Le smoothie doit être assez épais pour que la garniture reste à la surface.

Légumes +	Fruits (de préférence surgelés) +	Protéines +	Super aliments +	Liquides +	Sucres
épinards	*banane*	*protéines en poudre*	*pollen de fleurs*	*laits végétaux :*	*sirop d'agave*
chou kale	*pomme*	*graines de chanvre*	*maca en poudre*	*d'avoine*	*sirop d'érable*
laitue	*poire*	*graines de chia*	*éclats de fèves de cacao*	*de riz*	*dattes et sirop de dattes*
céleri	*kiwi*	*fruits à coque*	*spiruline en poudre*	*de fruits à coque*	*sirop de riz*
concombre	*fruit du dragon (pitaya)*	*beurres d'oléagineux*	*cannelle*	*de soja*	*miel*
betterave	*ananas*		*noix de coco*	*eau de coco*	
carotte	*pêche*		*graines de chia*		
avocat (c'est un fruit, mais il ne supporte pas la congélation)	*mangue*		*thé matcha*		
	framboise				
	fraise				
	myrtille				
	papaye				
	citron				
	citron vert				
	pamplemousse				
	orange				

Comment épaissir votre smoothie bowl ?

Plusieurs ingrédients permettent d'épaissir le smoothie pour le recouvrir de garniture.

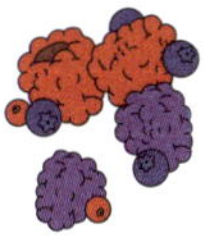

Fruits surgelés – c'est l'élément clé pour épaissir les smoothies. On les trouve facilement dans les supermarchés. Vous pouvez également congeler vous-même des fruits frais : placez les fruits de petite taille dans des sachets congélation ; pelez et coupez les plus gros en morceaux avant de les congeler. Remarque : vous pouvez remplacer la purée d'açaï surgelée par de la purée de fruits rouges ou de myrtilles, ou encore par 1 cuillerée à soupe de baies d'açaï en poudre.

Glaçons – une poignée ou deux épaissiront votre smoothie. Mettez-les dans le bol du blender avec les autres ingrédients et mixez.

Avocats – ces fruits délicieux, riches en protéines et en bons acides gras, confèrent aux smoothies une texture onctueuse lorsqu'ils sont mixés avec des fruits et des légumes.

Beurres d'oléagineux – ces savoureux beurres riches en protéines sont également idéaux pour apporter du goût et de l'onctuosité. N'hésitez pas à ajouter 1 cuillerée à soupe de beurre de noix de cajou à votre prochain smoothie.

Flocons d'avoine – très rassasiants, ils peuvent être réhydratés puis incorporés à un smoothie pour l'épaissir. Il existe aussi des flocons d'avoine en poudre à ne pas confondre avec le son d'avoine dont les propriétés diététiques sont très différentes.

Protéines en poudre – ces poudres légères et aromatisées apportent également de l'onctuosité aux smoothies.

Dattes dénoyautées – en plus de sucrer votre smoothie, les dattes Medjool lui donneront de la consistance. Si elles sont sèches, faites-les d'abord tremper dans un peu d'eau chaude.

Granola au quinoa
et au sésame noir
Granola
à la noix
de coco
Granola au sarrasin

GARNITURES

Les garnitures du smoothie bowl sont l'équivalent du glaçage sur un gâteau. Vous pouvez préparer chaque jour le même smoothie, mais en changeant les goûts et les textures vous varierez les plaisirs.

Le granola est une garniture que tout le monde aime : essayez ces trois préparations utilisées dans les recettes de ce livre. Elles sont faciles à préparer et se conservent très bien dans des bocaux.

Granola au sarrasin

pour environ 500 g
Préparation : 10 minutes
Cuisson : 1 heure

170 g de flocons d'avoine • 60 g d'amandes • 130 g de gruau de sarrasin • 100 g de graines de tournesol • 60 ml d'huile de coco fondue • 4 c. à s. de miel • ¼ de c. à c. de sel • ½ c. à c. de cannelle en poudre • 1 c. à c. d'extrait de vanille • 120 g de fruits secs mélangés

Préchauffez le four à 150 °C. Chemisez une grande plaque à four de papier sulfurisé. Mélangez tous les ingrédients dans un saladier, à l'exception des fruits secs. Étalez sur la plaque et enfournez pour 30 minutes. Sortez du four et ajoutez les fruits secs. Poursuivez la cuisson pendant 30 minutes environ, en « cassant » les grosses pépites. Se conserve jusqu'à 3 semaines dans un bocal hermétique.

Granola à la noix de coco

pour environ 500 g
Préparation : 10 minutes
Cuisson : 30 minutes

170 g de flocons d'avoine • 50 g de noix de coco râpée séchée • 75 g d'amandes hachées • 45 g de graines de courge • 1 c. à c. de cannelle en poudre • ¼ de c. à c. de sel • 4 c. à s. d'huile de coco fondue • 100 ml de sirop d'érable • 1 c. à c. d'extrait de vanille • 2 c. à s. de dattes hachées

Préchauffez le four à 150 °C. Chemisez une grande plaque à four de papier sulfurisé. Mélangez tous les ingrédients et étalez-les en une seule couche sur la plaque. Enfournez pour 30 minutes, en remuant toutes les 10 minutes. Laissez refroidir. Se conserve jusqu'à 1 mois dans un bocal hermétique.

Granola au quinoa et au sésame noir

pour environ 500 g
Préparation : 10 minutes
Cuisson : 30 minutes

2 c. à s. de graines de sésame noir • 500 g de quinoa cuit • 150 g d'amandes grossièrement hachées • 75 g de noix de cajou grossièrement hachées • 60 g de graines de lin • 270 g de miel • 4 c. à s. d'huile de coco fondue • 1 c. à c. d'extrait de vanille • 1 pincée de sel

Préchauffez le four à 150 °C. Chemisez une grande plaque à four de papier sulfurisé. Mélangez tous les ingrédients et étalez-les sur la plaque. Enfournez pour 30 minutes, en remuant toutes les 10 minutes. Laissez refroidir. Se conserve jusqu'à 1 mois dans un bocal hermétique.

FAIRE LE PLEIN D'ÉNERGIE

Ces recettes joliment colorées sont très nourrissantes et riches en fruits.

Amande & fruits rouges
Banane & fruit du dragon • Amande & courge
Rouge & noir • Coco, fruits rouges & lin
Gingembre dynamisant • Carotte & cacao
Mangue & yaourt • Cerise & prune
Kale & fruits rouges • Matcha & menthe
Smoothie vert au yaourt • Über banane
Courge épicée • Bleu tout simplement
Gingembre & pêche

AMANDE & FRUITS ROUGES

Pour 1 ou 2 personnes – Préparation : 10 minutes

INGRÉDIENTS

120 ml de lait d'amande non sucré • 2 poignées d'épinards
160 g de mélange de fruits rouges surgelés • 1 banane surgelée coupée en rondelles

GARNITURE

2 cuillerées à soupe de fruits rouges frais • ½ banane coupée en rondelles
1 cuillerée à soupe de copeaux de noix de coco torréfiés
1 cuillerée à soupe d'amandes hachées • 1 cuillerée à soupe de graines de chia
2 cuillerées à soupe de granola à la noix de coco (voir p. 11)

Bénéfiques pour les os et les dents, les amandes sont une excellente source de calcium, de magnésium et de phosphore.

SV *Source de vitamines* SM *Source de minéraux* SP *Source de protéines*

Mixez tous les ingrédients, excepté ceux de la garniture, dans un blender, jusqu'à l'obtention d'un mélange onctueux. Versez dans un bol et parsemez de garniture.

BANANE & FRUIT DU DRAGON

Pour 1 personne – Préparation : 10 minutes

INGRÉDIENTS

2 bananes surgelées coupées en rondelles • 1 fruit du dragon (pitaya) épluché et coupé en morceaux • 2 cuillerées à soupe de sucre de coco
1 cuillerée à café de beurre de coco fondu

GARNITURE

1 tranche d'ananas épluchée et coupée en petits dés • ½ kiwi épluché et coupé en rondelles • 1 cuillerée à soupe de myrtilles • 1 cuillerée à soupe de graines de chanvre décortiquées • 1 cuillerée à soupe d'amandes finement émincées • 1 cuillerée à soupe de pollen de fleurs

Le fruit du dragon est riche en antioxydants, et notamment en vitamine C.

SI *Renforce le système immunitaire* **PE** *Bénéfique pour la peau*
CS *Stimule la circulation sanguine*

Mixez tous les ingrédients, excepté ceux de la garniture, dans un blender avec 1 cuillerée à soupe d'eau, jusqu'à l'obtention d'un mélange onctueux. Versez dans un bol et parsemez de garniture.

AMANDE & COURGE

Pour 2 personnes – Préparation : 15 minutes

INGREDIENTS

350 ml de lait d'amande non sucré • 120 g de courge butternut cuite et réduite en purée • 1 banane surgelée coupée en rondelles • 1 cuillerée à soupe de graines de chia • 3 dattes Medjool dénoyautées • 1 cuillerée à café d'extrait de vanille • 1 cuillerée à café de cannelle en poudre
2 cuillerées à soupe de purée d'amandes

GARNITURE

1 cuillerée à soupe d'éclats de fèves de cacao • 1 cuillerée à soupe de noix de pécan • 1 cuillerée à soupe de graines de courge • 1 cuillerée à soupe de graines de chanvre décortiquées • un filet de sirop d'érable (facultatif)

La courge butternut est une bonne source de fibres,
excellentes pour le système digestif.

SP *Source de protéines* CS *Stimule la circulation sanguine*
SI *Renforce le système immunitaire*

Mixez tous les ingrédients, excepté ceux de la garniture, dans un blender, jusqu'à l'obtention d'un mélange onctueux. Versez dans un bol et parsemez de garniture. Arrosez éventuellement de sirop d'érable.

ROUGE & NOIR

Pour 1 personne – Préparation : 10 minutes

INGRÉDIENTS

1 banane surgelée coupée en rondelles • 80 g de mélange de fruits rouges surgelés
120 ml de lait d'amande non sucré • 1 cuillerée à soupe de graines de chanvre

GARNITURE

2 cuillerées à soupe de fruit du dragon (pitaya) à chair rouge coupé en morceaux
2 cuillerées à soupe de mûres émincées • 1 cuillerée à soupe de graines de grenade
1 cuillerée à soupe de pollen de fleurs • ½ cuillerée à soupe de thé matcha
1 cuillerée à soupe de noix de coco râpée et séchée
1 cuillerée à soupe de graines de courge • 1 cuillerée à soupe de framboises séchées
1 cuillerée à soupe de graines de chia

Les graines de chanvre et de chia sont riches en acides gras oméga-3, bénéfiques pour le cœur, le cerveau et les articulations.

CO *Renforce le corps* C *Stimule le cerveau* PE *Bénéfique pour la peau*

Mixez tous les ingrédients, excepté ceux de la garniture, dans un blender, jusqu'à l'obtention d'un mélange onctueux. Versez dans un bol et parsemez de garniture.

COCO, FRUITS ROUGES & LIN

Pour 2 personnes – Préparation : 10 minutes

INGRÉDIENTS

1 banane surgelée coupée en rondelles
75 g de mangue surgelée coupée en morceaux • ½ avocat • 150 g de framboises
150 ml d'eau de coco non sucrée • 60 ml de lait de coco non sucré
2 cuillerées à soupe de graines de lin moulues • 1 cuillerée à soupe de miel
2 cuillerées à soupe de flocons d'avoine • 3 cuillerées à café de graines de chia

GARNITURE

3 ou 4 fraises taillées en lamelles • 2 cuillerées à soupe de framboises
2 cuillerées à soupe de copeaux de noix de coco torréfiés
4 cuillerées à soupe de granola au sarrasin (voir p. 11) grillé

Les graines de lin apportent des protéines et des fibres qui prolongent la sensation de satiété.

C *Stimule le cerveau* **SV** *Source de vitamines* **AI** *Anti-inflammatoire*

Mixez tous les ingrédients, excepté ceux de la garniture, dans un blender, jusqu'à l'obtention d'un mélange onctueux. Répartissez dans des bols et parsemez de garniture.

GINGEMBRE DYNAMISANT

Pour 1 personne – Préparation : 5 minutes

INGRÉDIENTS

150 ml de lait de coco non sucré • 120 g de morceaux d'ananas surgelé
1 poignée de pousses d'épinards • ½ cuillerée à soupe de graines
de chanvre décortiquées • 1 cuillerée à café de thé matcha
1 cuillerée à café de gingembre râpé • 1 glaçon

GARNITURE

½ kiwi épluché et coupé en rondelles • 1 cuillerée à soupe de graines de chanvre décortiquées • 2 ou 3 cuillerées à soupe de beurre de noix de cajou (fouetté, pour qu'il soit léger et mousseux) • 1 cuillerée à soupe de graines de grenade
1 cuillerée à soupe de granola à la noix de coco (voir p. 11)

Le gingembre peut parfois soulager les nausées.
Il possède également des vertus anti-inflammatoires.

SV *Source de vitamines* CS *Stimule la circulation sanguine* C *Stimule le cerveau*

Mixez tous les ingrédients, excepté ceux de la garniture, dans un blender, jusqu'à l'obtention d'un mélange onctueux. Servez le smoothie dans un verre en intercalant des couches de kiwi, de graines de chanvre, de graines de grenade et de beurre de noix de cajou. Décorez avec le granola.

CAROTTE & CACAO

Pour 1 ou 2 personnes – Préparation : 10 minutes

INGRÉDIENTS

180 ml de lait végétal non sucré (fruits à coque, soja, riz ou avoine)
1 banane surgelée coupée en rondelles • 1 carotte coupée en morceaux
2 cuillerées à soupe de protéines en poudre à la vanille
½ cuillerée à café de cannelle en poudre • ¼ de cuillerée à café de gingembre en poudre • 1 cuillerée à café de maca en poudre • 2 glaçons

GARNITURE

½ banane coupée en rondelles • 1 datte Medjool dénoyautée et hachée
1 figue sèche hachée • 1 cuillerée à soupe d'éclats de fèves de cacao
1 cuillerée à soupe de noix de coco râpée et séchée

Les carottes sont riches en vitamine A (ou rétinol), excellente pour les yeux.

C *Stimule le cerveau* O *Renforce les os* SV *Source de vitamines*

Mixez tous les ingrédients, excepté ceux de la garniture, dans un blender, jusqu'à l'obtention d'un mélange onctueux. Versez dans un ou deux bols et parsemez de garniture.

MANGUE & YAOURT

Pour 2 personnes – Préparation : 10 minutes

INGRÉDIENTS

1 banane surgelée coupée en rondelles • 75 g de mangue surgelée coupée en morceaux
125 g de yaourt nature • 225 ml de lait d'amande non sucré
3 cuillerées à soupe de graines de chanvre • 1 cuillerée à soupe de maca en poudre
1 cuillerée à café de gingembre râpé • 1 cuillerée à soupe de jus de citron

GARNITURE

1 banane coupée en rondelles • ½ mangue épluchée et coupée en petits dés
1 cuillerée à soupe de pollen de fleurs • 1 cuillerée à soupe d'amandes hachées
1 cuillerée à soupe de noix de coco râpée et torréfiée
1 cuillerée à soupe de baies de goji

Bon dépuratif sanguin, la mangue est également riche en bêtacarotène, en vitamine C et en potassium.

CS *Stimule la circulation sanguine* C *Stimule le cerveau* SV *Source de vitamines*

Mixez tous les ingrédients, excepté ceux de la garniture, dans un blender, jusqu'à l'obtention d'un mélange onctueux. Répartissez dans des bols et parsemez de garniture.

CERISE & PRUNE

Pour 1 personne – Préparation : 10 minutes

INGRÉDIENTS

280 g de cerises surgelées dénoyautées • 1 banane surgelée coupée en rondelles
180 ml d'eau de coco non sucrée
4 cuillerées à soupe de protéines en poudre à la vanille

GARNITURE

1 prune dénoyautée et taillée en lamelles
2 cuillerées à soupe de noix de coco râpée et séchée
1 cuillerée à soupe d'amandes finement hachées
1 cuillerée à soupe d'éclats de fèves de cacao

Les antioxydants que contiennent les cerises permettraient de neutraliser les radicaux libres, contribuant à lutter contre l'anxiété et la dépression et à améliorer l'humeur.

SM *Source de minéraux* SI *Renforce le système immunitaire* C *Stimule le cerveau*

Mixez tous les ingrédients, excepté ceux de la garniture, dans un blender, jusqu'à l'obtention d'un mélange onctueux. Versez dans un bol et parsemez de garniture.

KALE & FRUITS ROUGES

Pour 2 personnes – Préparation : 10 minutes

INGRÉDIENTS

130 g de chou kale haché • 1 cuillerée à soupe de graines de chia
225 ml de lait d'amande non sucré • 240 g de mélange de fruits rouges surgelés
½ banane surgelée coupée en rondelles • 1 cuillerée à café de sirop d'agave

GARNITURE

½ banane coupée en rondelles • 2 cuillerées à soupe de myrtilles • 2 ou 3 fraises coupées en lamelles • 1 cuillerée à café de graines de chia • 2 cuillerées à café d'amandes hachées • 2 cuillerées à soupe de copeaux de noix de coco torréfiés • 2 cuillerées à soupe de granola à la noix de coco (voir p. 11)

Le chou kale est riche en fibres qui facilitent la digestion, stimulent le foie et contribuent à abaisser le cholestérol.

SP *Source de protéines* SV *Source de vitamines* AI *Anti-inflammatoire*

Mixez tous les ingrédients, excepté ceux de la garniture, dans un blender, jusqu'à l'obtention d'un mélange onctueux. Répartissez dans des bols et parsemez de garniture.

MATCHA & MENTHE

Pour 2 ou 3 personnes – Préparation : 10 minutes + Trempage : 1 heure

INGRÉDIENTS

100 g de noix de cajou • 1 poignée de feuilles d'épinards • 2 poignées de chou kale
3 bananes surgelées coupées en rondelles • 600 ml de lait d'amande non sucré
3 branches de menthe • 3 cuillerées à café de thé matcha • 1 cuillerée à soupe
d'éclats de fèves de cacao • 1 cuillerée à café de sirop d'érable

GARNITURE

2 cuillerées à soupe de quinoa soufflé • 1 cuillerée à soupe de graines
de chanvre décortiquées • 1 cuillerée à soupe de pistaches hachées
1 cuillerée à soupe d'éclats de fèves de cacao • 1 cuillerée à soupe de noix
de coco râpée et torréfiée • quelques branches de menthe

Le thé matcha stimule le corps et favorise la combustion des graisses pendant un exercice physique.

SP *Source de protéines* SV *Source de vitamines* CO *Renforce le corps*

Faites tremper les noix de cajou dans de l'eau pendant 1 heure. Égouttez-les et mettez-les dans le bol du blender avec les autres ingrédients, excepté ceux de la garniture. Mixez jusqu'à l'obtention d'un mélange onctueux. Répartissez dans des bols et parsemez de garniture.

SMOOTHIE VERT AU YAOURT

Pour 1 ou 2 personnes – Préparation : 10 minutes

INGRÉDIENTS

2 kiwis épluchés • 1 banane surgelée coupée en rondelles
250 g de yaourt nature • 1 poignée de feuilles d'épinards

GARNITURE

1 kiwi épluché et coupé en rondelles • 2 cuillerées à soupe de graines de chia
4 cuillerées à soupe de granola à la noix de coco (voir p. 11)
2 cuillerées à soupe de copeaux de noix de coco torréfiés
1 cuillerée à soupe de pistaches hachées

Le yaourt est riche en calcium. C'est une excellente source de probiotiques, qui renforcent le système digestif.

SV *Source de vitamines* SP *Source de protéines* O *Renforce les os*

Mixez tous les ingrédients, excepté ceux de la garniture, dans un blender, jusqu'à l'obtention d'un mélange onctueux. Versez dans un ou deux bols et parsemez de garniture.

ÜBER BANANE

Pour 1 personne – Préparation : 10 minutes

INGRÉDIENTS

1 ½ banane surgelée coupée en rondelles • 60 ml de lait de coco non sucré
1 cuillerée à soupe de maca en poudre • 1 cuillerée à soupe de cacao en poudre
quelques gouttes d'extrait de vanille • 1 cuillerée à café de sirop d'érable

GARNITURE

1 banane coupée en rondelles • 1 cuillerée à soupe de copeaux de noix de coco torréfiés
1 cuillerée à soupe de pollen de fleurs • 1 cuillerée à soupe d'éclats de fèves de cacao
1 cuillerée à café de graines de chia
1 cuillerée à café de graines de chanvre décortiquées

La maca en poudre est riche en nutriments.
Elle booste la libido et renforce l'endurance pendant l'effort.

EH *Équilibre hormonal* SI *Renforce le système immunitaire* O *Renforce les os*

Mixez tous les ingrédients, excepté ceux de la garniture, dans un blender, jusqu'à l'obtention d'un mélange onctueux. Versez dans un bol et parsemez de garniture.

COURGE ÉPICÉE

Pour 1 ou 2 personnes – Préparation : 10 minutes

INGRÉDIENTS

230 ml de lait d'amande non sucré • 220 g de purée de potiron
125 g de yaourt nature • 1 banane surgelée coupée en rondelles
1 cuillerée à soupe de graines de chia • 1 pincée de gingembre en poudre
1 pincée de cannelle en poudre • 1 pincée de clous de girofle en poudre
1 pincée de sel

GARNITURE

1 cuillerée à soupe de noix de coco râpée et séchée
1 cuillerée à soupe de granola à la noix de coco (voir p. 11) • 1 cuillerée à soupe de dattes dénoyautées et hachées • 1 cuillerée à soupe d'amandes finement émincées • 1 cuillerée à café de curcuma en poudre

Le potiron est riche en fibres et en bêtacarotène, bénéfique pour les yeux, la peau et le système immunitaire.

AI *Anti-inflammatoire* SV *Source de vitamines* SP *Source de protéines*

Mixez tous les ingrédients, excepté ceux de la garniture, dans un blender, jusqu'à l'obtention d'un mélange onctueux. Versez dans un ou deux bols et parsemez tous les ingrédients composant la garniture, sauf le curcuma. Saupoudrez ce dernier juste avant de servir.

BLEU TOUT SIMPLEMENT

Pour 1 personne – Préparation : 5 minutes

INGRÉDIENTS

85 g de myrtilles surgelées • 1 banane surgelée coupée en rondelles
1 cuillerée à soupe de beurre de cacahuètes
120 ml de lait végétal non sucré (fruits à coque, soja, riz ou avoine)

GARNITURE

1 cuillerée à soupe de noix de coco râpée et torréfiée
1 cuillerée à café de baies de goji • 1 cuillerée à café de graines de chia
1 cuillerée à soupe de noix hachées • 1 cuillerée à soupe d'éclats de fèves de cacao
1 cuillerée à soupe de myrtilles

Les myrtilles sont une bonne source d'antioxydants, excellents pour les peaux matures. La vitamine C qu'elles contiennent renforce également les fibres de collagène et d'élastine.

PE *Bénéfique pour la peau* C *Stimule le cerveau* AI *Anti-inflammatoire*

Mixez tous les ingrédients, excepté ceux de la garniture, dans un blender, jusqu'à l'obtention d'un mélange onctueux. Versez dans un bol et parsemez de garniture.

GINGEMBRE & PÊCHE

Pour 2 personnes – Préparation : 10 minutes

INGRÉDIENTS

250 g de pêche surgelée • 120 ml de lait d'amande non sucré
1 banane surgelée coupée en morceaux • 1 cuillerée à soupe de beurre de noix de cajou • 1 cuillerée à café de miel • ½ cuillerée à café de gingembre râpé
½ cuillerée à café de cannelle en poudre

GARNITURE

2 figues fraîches coupées en tranches • 1 pêche dénoyautée taillée en lamelles
1 cuillerée à soupe de pistaches hachées • 2 cuillerées à soupe de granola au quinoa et au sésame noir (voir p. 11)

Les pêches sont une excellente source de minéraux tels que le potassium qui aide à réguler la tension artérielle.

SV *Source de vitamines* SI *Renforce le système immunitaire* AI *Anti-inflammatoire*

Mixez tous les ingrédients, excepté ceux de la garniture, dans un blender, jusqu'à l'obtention d'un mélange onctueux. Répartissez dans des bols et parsemez de garniture.

RENFORCER L'IMMUNITÉ

Vous manquez d'énergie ou vous essayez de combattre un rhume ? Ce chapitre propose des recettes de smoothie bowls qui stimulent le système immunitaire afin de prévenir la plupart des maux.

Amande, chia & fruits rouges
Pousses d'épinards & fruits rouges
Smoothie bowl brésilien aux fruits rouges
Myrtille & avoine • Vegan aux mûres
Smoothie vert au coco & citron vert
Chia & fruits rouges • Orange & coco
Smoothie vert à la pêche • Mangue & fraise
Potimarron & papaye • Tahin & cacao
Super fraise • Smoothie vert au curcuma
Smoothie vert à la mangue

AMANDE, CHIA & FRUITS ROUGES

Pour 1 personne – Préparation : 10 minutes

INGRÉDIENTS

125 g de myrtilles surgelées • 125 g de mûres surgelées
1 banane surgelée coupée en rondelles • 1 cuillerée à soupe de baies d'açaï en poudre
1 cuillerée à soupe de graines de chia • 1 cuillerée à soupe de purée d'amandes
1 cuillerée à soupe de protéines de chanvre en poudre

GARNITURE

1 cuillerée à soupe de graines de courge • 1 cuillerée à soupe d'éclats de fèves de cacao
1 cuillerée à soupe de myrtilles • 1 cuillerée à soupe de mûres
1 cuillerée à soupe de yaourt à la noix de coco
1 cuillerée à soupe de noix de coco râpée et séchée

Les graines de chia contiennent un fort taux d'acides gras oméga-3 nécessaires au bon fonctionnement du cerveau.

SV *Source de vitamines* PE *Bénéfique pour la peau* AI *Anti-inflammatoire*

Mixez tous les ingrédients, excepté ceux de la garniture, dans un blender avec 200 ml d'eau, jusqu'à l'obtention d'un mélange onctueux. Versez dans un bol et parsemez de garniture.

POUSSES D'ÉPINARDS & FRUITS ROUGES

Pour 1 ou 2 personnes – Préparation : 10 minutes

INGRÉDIENTS

2 poignées de pousses d'épinards

170 g de myrtilles surgelées • 1 pomme épluchée, épépinée et coupée en morceaux

1 poignée de grains de raisin blanc surgelés

GARNITURE

2 cuillerées à soupe de riz complet soufflé • 2 cuillerées à soupe de graines de courge

1 cuillerée à soupe de graines de lin moulues • 60 g de myrtilles

2 cuillerées à soupe d'amandes finement émincées

1 cuillerée à soupe de graines de grenade

Les épinards renforcent le système digestif et améliorent la qualité de la peau et des os.

SM *Source de minéraux* O *Renforce les os* AI *Anti-inflammatoire*

Mixez tous les ingrédients, excepté ceux de la garniture, dans un blender avec 150 ml d'eau, jusqu'à l'obtention d'un mélange onctueux. Répartissez dans les bols et parsemez de garniture.

SMOOTHIE BRÉSILIEN AUX FRUITS ROUGES

Pour 1 personne – Préparation : 10 minutes + Trempage : 20 minutes

INGRÉDIENTS

115 ml de lait de coco non sucré • 100 g de purée d'açaï surgelée (ou de purée de fruits rouges surgelée) • 2 poignées de pousses d'épinards • 1 banane surgelée coupée en rondelles
2 cuillerées à soupe de graines de chia • 1 pincée de cannelle en poudre

GARNITURE

½ banane coupée en rondelles • 1 cuillerée à soupe de graines de grenade
1 cuillerée à soupe d'éclats de fèves de cacao • 1 cuillerée à soupe de graines de courge
1 cuillerée à soupe de noisettes hachées

La baie d'açaï est riche en vitamines A, B, C et E,
ainsi qu'en sélénium et en zinc.

SP *Source de protéines* SM *Source de minéraux* O *Renforce les os*

Faites tremper les graines de chia dans le lait de coco pendant 20 minutes. Mixez tous les ingrédients, excepté ceux de la garniture, dans un blender, jusqu'à l'obtention d'un mélange onctueux. Versez dans un bol et parsemez de garniture.

MYRTILLE & AVOINE

Pour 1 personne – Préparation : 10 minutes

INGRÉDIENTS

340 g de myrtilles • 230 ml de lait d'amande non sucré (ou de kéfir)
150 g de flocons d'avoine en poudre • 1 cuillerée à café d'extrait de vanille
1 banane surgelée coupée en rondelles • 1 cuillerée à café de sirop d'érable

GARNITURE

1 cuillerée à café de baies de goji • 1 cuillerée à soupe d'amandes hachées
1 cuillerée à soupe de graines de chanvre décortiquées
1 cuillerée à soupe de graines de chia
1 cuillerée à soupe de copeaux de noix de coco torréfiés

Les graines de chanvre sont notamment composées de protéines hyperdigestes qui confèrent une sensation de satiété tout au long de la journée.

SM *Source de minéraux* **CO** *Renforce le corps* **SP** *Source de protéines*

Mixez tous les ingrédients, excepté ceux de la garniture, dans un blender, jusqu'à l'obtention d'un mélange onctueux. Versez dans un bol et parsemez de garniture.

VEGAN AUX MÛRES

Pour 1 personne – Préparation : 10 minutes

INGRÉDIENTS

150 g de mûres fraîches ou surgelées • 1 banane surgelée
225 ml de lait de coco non sucré • 1 poignée de pousses d'épinards

GARNITURE

2 cuillerées à café de graines de chia • 2 cuillerées à café de graines de courge
2 cuillerées à soupe de copeaux de noix de coco torréfiés • 1 cuillerée à soupe de mûres

Les mûres sont très riches en flavonoïdes et en vitamine C.

SV *Source de vitamines* SI *Renforce le système immunitaire*
GB *Formation de globules rouges*

Mixez la banane, le lait de coco et les épinards dans un blender, jusqu'à l'obtention d'un mélange onctueux. Ajoutez les mûres et mixez de nouveau, rapidement. Versez dans un bol ou un verre et parsemez de garniture.

SMOOTHIE VERT AU COCO & CITRON VERT

Pour 1 personne – Préparation : 10 minutes

INGRÉDIENTS

125 ml d'eau de coco non sucrée • 1 poignée de pousses d'épinards
1 banane surgelée coupée en rondelles • 3 cuillerées à soupe de chair d'avocat
2 cuillerées à café de zeste de citron vert râpé
1 cuillerée à soupe + 1 cuillerée à café de jus de citron vert
1 cuillerée à café de sirop d'érable • 1 cuillerée à café de thé matcha

GARNITURE

1 cuillerée à soupe de granola à la noix de coco (voir p. 11)
½ banane coupée en rondelles • ¼ de mangue épluchée et coupée en petits dés
1 cuillerée à soupe de copeaux de noix de coco torréfiés
1 cuillerée à soupe de graines de chanvre décortiquées

Très alcalinisants, les citrons verts ont une teneur en vitamine C particulièrement élevée. Ils aident l'organisme à éliminer les déchets.

SP *Source de protéines* SV *Source de vitamines* PE *Bénéfique pour la peau*

Mixez tous les ingrédients, excepté ceux de la garniture, dans un blender, jusqu'à l'obtention d'un mélange onctueux. Versez dans un bol et parsemez de garniture.

CHIA & FRUITS ROUGES

Pour 2 personnes – Préparation : 10 minutes

INGRÉDIENTS

160 g de mélange de fruits rouges surgelés • 1 banane surgelée
120 ml de lait de coco non sucré • le jus de ½ citron

GARNITURE

2 cuillerées à café de graines de chia
2 cuillerées à café de graines de sésame torréfiées
2 cuillerées à soupe de framboises • 2 cuillerées à soupe de myrtilles
2 cuillerées à soupe de copeaux de noix de coco torréfiés

Les framboises sont très riches en vitamine C et en bêtacarotène.
Elles ont également une bonne teneur en potassium, en calcium et en magnésium, excellents pour lutter contre la fatigue et la dépression.

SV *Source de vitamines* BM *Bon pour le moral* D *Facilite la digestion*

Mixez tous les ingrédients, excepté ceux de la garniture, dans un blender avec 125 ml d'eau, jusqu'à l'obtention d'un mélange onctueux.
Répartissez dans des bols et parsemez de garniture.

ORANGE & COCO

Pour 2 personnes – Préparation : 10 minutes

INGRÉDIENTS

160 ml de lait de coco non sucré • 75 g de mangue surgelée coupée en morceaux
1 orange pelée et coupée en morceaux • 1 cuillerée à café de beurre de coco
1 cuillerée à café de gingembre râpé • ½ cuillerée à café de racine de curcuma râpée

GARNITURE

½ mangue pelée et coupée en morceaux • ½ orange coupée en segments
1 cuillerée à café de noix de coco râpée et torréfiée • 1 cuillerée à soupe d'amandes finement émincées • 1 cuillerée à soupe de graines de lin moulues
1 cuillerée à café de curcuma en poudre

Les oranges sont riches en vitamine C qui protège de nombreuses maladies, du rhume hivernal aux maladies cardiaques.

SM *Source de minéraux* SV *Source de vitamines* AI *Anti-inflammatoire*

Mixez tous les ingrédients, excepté ceux de la garniture, dans un blender, jusqu'à l'obtention d'un mélange onctueux. Répartissez le smoothie dans 2 verres, en intercalant des couches de segments d'orange et de mangue ainsi que la moitié des amandes et des graines de lin. Décorez avec la noix de coco et le reste des amandes et des graines. Saupoudrez de curcuma.

SMOOTHIE VERT À LA PÊCHE

Pour 2 personnes – Préparation : 10 minutes

INGRÉDIENTS

500 g de pêches surgelées • 125 ml de lait de coco non sucré • ½ avocat
1 banane surgelée coupée en rondelles • 1 poignée de pousses d'épinards
2 dattes Medjool dénoyautées • 2,5 cm de gingembre pelé • 1 cuillerée à café
de chlorelle (algue en poudre, facultatif) • 2 cuillerées à soupe de graines de chia

GARNITURE

1 banane coupée en rondelles • 1 cuillerée à soupe de copeaux
de noix de coco • 2 cuillerées à soupe de framboises • 1 cuillerée à soupe
de graines de chanvre décortiquées • 1 pincée de cannelle en poudre

La chlorelle est une algue riche en chlorophylle. Ce complément alimentaire renforce le système immunitaire.

SV *Source de vitamines* CS *Stimule la circulation sanguine* D *Facilite la digestion*

Mixez tous les ingrédients, excepté ceux de la garniture, dans un blender, jusqu'à l'obtention d'un mélange onctueux. Répartissez dans les bols, parsemez de garniture et saupoudrez de cannelle.

MANGUE & FRAISE

Pour 1 personne – Préparation : 10 minutes

INGRÉDIENTS

150 g de mangue surgelée coupée en morceaux

125 ml de lait végétal non sucré (fruits à coque, soja, riz ou avoine)

75 g de fraises surgelées • 75 g de framboises surgelées

3 cuillerées à soupe de protéines en poudre à la vanille • 60 ml de yaourt nature

GARNITURE

3 fraises coupées en lamelles • 1 cuillerée à soupe de graines de chia

1 cuillerée à soupe de graines de lin moulues

1 cuillerée à soupe de noix de coco râpée et séchée

1 cuillerée à soupe de baies de goji

1 cuillerée à soupe de granola à la noix de coco (voir p. 11)

Les fraises sont riches en vitamines C et K. Elles participent également à la bonne régulation du taux de sucre dans le sang.

SV *Source de vitamines* C *Stimule le cerveau* CO *Renforce le corps*

Mixez tous les ingrédients, excepté ceux de la garniture, dans un blender, jusqu'à l'obtention d'un mélange onctueux. Versez dans un bol et parsemez de garniture.

POTIMARRON & PAPAYE

Pour 2 ou 3 personnes – Préparation : 10 minutes

INGRÉDIENTS

100 g de purée de potiron • 70 g de papaye
100 g de purée d'açaï surgelée (ou de purée de fruits rouges surgelée)
1 banane surgelée coupée en rondelles
1 cuillerée à soupe de maca en poudre • 1 cuillerée à café de cannelle en poudre
225 ml de lait d'amande non sucré • 1 ou 2 glaçons

GARNITURE

1 cuillerée à soupe de baies de goji • 1 cuillerée à soupe de graines de grenade
¼ de papaye pelée et coupée en lamelles • 2 cuillerées à soupe de noix de cajou torréfiées et hachées • 1 ou 2 cuillerées à café de beurre de noix de cajou

La papaye possède d'incroyables propriétés digestives. Elle contribuerait également à combattre le vieillissement prématuré de la peau.

D *Facilite la digestion* AI *Anti-inflammatoire* SP *Source de protéines*

Mixez tous les ingrédients, excepté ceux de la garniture, dans un blender, jusqu'à l'obtention d'un mélange onctueux. Répartissez dans les bols et parsemez de garniture.

TAHIN & CACAO

Pour 1 personne – Préparation : 10 minutes

INGRÉDIENTS

1 banane surgelée coupée en rondelles • 2 cuillerées à soupe de tahin
3 dattes Medjool dénoyautées • 175 ml de lait d'amande non sucré
1 cuillerée à soupe de cacao en poudre • 1 cuillerée à café d'extrait de vanille
½ cuillerée à café de cannelle en poudre

GARNITURE

1 cuillerée à soupe de graines de sésame noir • 1 cuillerée à soupe d'éclats de fèves de cacao • 1 cuillerée à soupe de graines de chanvre décortiquées
1 cuillerée à soupe de noisettes hachées

Bien que sucrées, les dattes ne font pas grimper le taux de glycémie.
Elles sont riches en fibres et stimulent la digestion.

CS *Stimule la circulation sanguine* BM *Bon pour le moral* SM *Source de minéraux*

Mixez tous les ingrédients, excepté ceux de la garniture, dans un blender, jusqu'à l'obtention d'un mélange onctueux. Versez dans un bol et parsemez de garniture.

SUPER FRAISE

Pour 1 personne – Préparation : 10 minutes

INGRÉDIENTS

225 g de fraises surgelées • ½ banane surgelée coupée en rondelles
1 poignée de feuilles d'épinards • 2 cuillerées à soupe de purée d'amandes
1 cuillerée à soupe de sirop d'érable

GARNITURE

1 cuillerée à soupe de granola au sarrasin (voir p. 11) • ½ banane coupée en rondelles
3 fraises coupées en lamelles • 1 cuillerée à café de graines de chia
1 cuillerée à soupe de graines de courge

Les graines de courge sont riches en minéraux, notamment en phosphore, en magnésium, en manganèse, en fer et en cuivre.

SP *Source de protéines* SM *Source de minéraux* AI *Anti-inflammatoire*

Mixez tous les ingrédients, excepté ceux de la garniture, dans un blender avec 60 ml d'eau, jusqu'à l'obtention d'un mélange onctueux. Versez dans un bol et parsemez de garniture.

SMOOTHIE VERT AU CURCUMA

Pour 2 ou 3 personnes – Préparation : 10 minutes

INGRÉDIENTS

2 bananes surgelées coupées en rondelles • 225 ml de lait d'amande non sucré
2 cuillerées à soupe de racine de curcuma râpée • ¼ d'avocat
3 poignées de feuilles d'épinards • 3 dattes Medjool dénoyautées

GARNITURE

1 orange pelée et coupée en fines rondelles • 1 cuillerée à soupe de noix de coco râpée et séchée • 2 cuillerées à soupe de graines de lin moulues
3 cuillerées à soupe de granola à la noix de coco (voir p. 11)
1 cuillerée à soupe de purée d'amandes

Le curcuma est reconnu pour ses propriétés anti-inflammatoires. Il contient de la curcumine qui agirait contre la douleur et les inflammations.

SP *Source de protéines* PE *Bénéfique pour la peau* D *Facilite la digestion*

Mixez tous les ingrédients, excepté ceux de la garniture, dans un blender, jusqu'à l'obtention d'un mélange onctueux. Répartissez dans les bols et parsemez de garniture.

SMOOTHIE VERT À LA MANGUE

Pour 1 personne – Préparation : 10 minutes

INGRÉDIENTS

230 ml de lait végétal non sucré (fruits à coque, soja, riz ou avoine)
80 g de mangue surgelée coupée en morceaux • 1 poignée de chou kale
2 poignées de feuilles d'épinards • ½ avocat
½ cuillerée à café de spiruline (algue en poudre)
1 cuillerée à soupe de protéines en poudre • 2 ou 3 glaçons

GARNITURE

½ mangue coupée en petits dés • 1 kiwi coupé en morceaux
1 cuillerée à soupe de dattes hachées • 1 cuillerée à soupe de copeaux de noix de coco torréfiés • 1 cuillerée à soupe d'amandes finement émincées

Les épinards, aux vertus purifiantes, stimulent le foie, la vésicule biliaire et le système digestif.

SP *Source de protéines* PE *Bénéfique pour la peau* SM *Source de minéraux*

Mixez tous les ingrédients, excepté ceux de la garniture, dans un blender, jusqu'à l'obtention d'un mélange onctueux. Versez dans un bol et parsemez de garniture.

BOOSTER SON APPORT EN VITAMINES ET MINÉRAUX

Envie d'une dose supplémentaire de fruits colorés et de légumes sains pour une alimentation plus riche en vitamines et en minéraux ? Ce chapitre est fait pour vous !

Betterave & mangue • Amande, mangue & matcha
Banane & fruits rouges • Açaï & papaye
Bleu lavande • Fruits rouges & sarrasin croquant
Avoine & grenade • Kéfir & cajou
Mûre & coco • Chia & mangue
Smoothie vert à la banane • Myrtille & pêche
Ananas & pollen • Fraise & chia
Framboise & coco • Super vert
Avoine tropicale • Mangue d'été

BETTERAVE & MANGUE

Pour 1 personne – Préparation : 10 minutes

INGRÉDIENTS

170 g de mangue surgelée coupée en morceaux
2 ou 3 betteraves crues, épluchées et coupées en morceaux
1 banane surgelée coupée en rondelles • 230 ml de lait d'amande non sucré
2 dattes Medjool dénoyautées

GARNITURE

2 cuillerées à soupe de graines de chanvre décortiquées
2 cuillerées à soupe de granola au quinoa et au sésame noir (voir p. 11)
½ kiwi épluché et coupé en rondelles • 1 cuillerée à soupe de framboises
1 cuillerée à soupe de noix de coco râpée et séchée

La betterave contient une forme de fer particulièrement bénéfique, facilement absorbable par l'organisme.

D *Facilite la digestion* CS *Stimule la circulation sanguine* C *Stimule le cerveau*

Mixez tous les ingrédients, excepté ceux de la garniture, dans un blender, jusqu'à l'obtention d'un mélange onctueux. Versez dans un bol et parsemez de garniture.

AMANDE, MANGUE & MATCHA

Pour 2 personnes – Préparation : 10 minutes + Trempage : 10 à 15 minutes

INGRÉDIENTS

230 ml de lait d'amande non sucré • 170 g de mangue surgelée coupée en morceaux
2 cuillerées à café de graines de chia • ½ avocat • 75 g de flocons d'avoine
1 poignée de pousses d'épinards • 2,5 cm de gingembre épluché et haché
1 cuillerée à soupe de purée d'amandes • ½ cuillerée à café de thé matcha

GARNITURE

2 cuillerées à soupe de granola à la noix de coco (voir p. 11)
2 cuillerées à soupe de copeaux de noix de coco torréfiés
½ mangue épluchée et coupée en petits dés
1 kiwi épluché et coupé en rondelles • 2 cuillerées à soupe de framboises

Riche en bonnes graisses, l'avocat constitue une excellente source de caroténoïdes anti-inflammatoires.

RAJ *Rajeunissant* SP *Source de protéines* AI *Anti-inflammatoire*

Faites tremper les flocons d'avoine dans le lait pendant 10 à 15 minutes. Mixez tous les ingrédients, excepté ceux de la garniture, dans un blender, jusqu'à l'obtention d'un mélange onctueux. Répartissez dans des bols et parsemez de garniture.

BANANE & FRUITS ROUGES

Pour 1 personne – Préparation : 10 minutes

INGRÉDIENTS

125 g de mélange de fruits rouges surgelés • 125 ml de lait d'amande non sucré
1 banane surgelée coupée en rondelles • 1 cuillerée à soupe de graines de chia
1 cuillerée à café de graines de chanvre

GARNITURE

½ banane coupée en rondelles • 5 framboises
5 mûres • 1 cuillerée à soupe de copeaux de noix de coco torréfiés
1 cuillerée à soupe de graines de courge • 2 cuillerées à soupe de graines de grenade

Les graines de chanvre sont une source non négligeable
de vitamines et d'antioxydants.

PE *Bénéfique pour la peau* SP *Source de protéines* D *Facilite la digestion*

Mixez tous les ingrédients, excepté ceux de la garniture, dans un blender, jusqu'à l'obtention d'un mélange onctueux. Versez dans un bol et parsemez de garniture.

AÇAÏ & PAPAYE

Pour 2 personnes – Préparation : 10 minutes

INGRÉDIENTS

170 g de papaye coupée en morceaux • 1 banane surgelée coupée en rondelles
2 cuillerées à soupe de crème de coco • 1 cuillerée à soupe de purée d'amandes
1 cuillerée à soupe de baies d'açaï en poudre
1 cuillerée à soupe de graines de chia

GARNITURE

4 cuillerées à soupe de granola à la noix de coco (voir p. 11)
1 poignée de framboises • 2 cuillerées à café de graines de chanvre décortiquées
2 cuillerées à café de graines de courge

Les baies d'açaï sont riches en calcium, en fer et en acides aminés.

D *Facilite la digestion* SI *Renforce le système immunitaire* E *Énergisant*

Mixez tous les ingrédients, sauf ceux de la garniture, au blender, avec 150 ml d'eau, jusqu'à l'obtention d'un mélange onctueux. Répartissez dans des bols et parsemez de garniture.

BLEU LAVANDE

Pour 1 personne – Préparation : 10 minutes

INGRÉDIENTS

180 ml de lait d'amande non sucré • 85 g de myrtilles surgelées
1 cuillerée à soupe de beurre de coco
2 cuillerées à soupe de protéines de chanvre en poudre
1 cm de gingembre épluché et haché • 1 banane surgelée coupée en rondelles
1 pincée de curcuma en poudre • 1 pincée de fleurs de lavande

GARNITURE

1 cuillerée à café de pollen de fleurs • 1 cuillerée à soupe de myrtilles
1 cuillerée à café de graines de chia
1 cuillerée à soupe de noix de coco râpée et torréfiée
1 pincée de fleurs de lavande

La lavande est très apaisante. Elle peut aider à calmer l'anxiété, la nervosité et la dépression. Elle peut également soulager le système digestif et les nausées.

SI *Renforce le système immunitaire* **SP** *Source de protéines* **D** *Facilite la digestion*

Mixez tous les ingrédients, excepté ceux de la garniture, dans un blender, jusqu'à l'obtention d'un mélange onctueux. Versez dans un bol et parsemez de garniture.

FRUITS ROUGES & SARRASIN CROQUANT

Pour 2 personnes – Préparation : 10 minutes

INGRÉDIENTS

290 ml de lait végétal non sucré (fruits à coque, soja, riz ou avoine)
160 g de myrtilles surgelées • 150 g d'ananas surgelé
1 banane surgelée coupée en rondelles • 1 poignée de pousses d'épinards
2 cuillerées à soupe de graines de chia • 1 cuillerée à soupe de graines de lin moulues

GARNITURE

2 cuillerées à soupe de myrtilles • 2 cuillerées à soupe de framboises
1 cuillerée à soupe d'amandes finement émincées • 1 cuillerée à soupe d'éclats de fèves de cacao • 1 cuillerée à soupe de granola au sarrasin (voir p. 11)

Le sarrasin est une bonne source de magnésium qui contribue à améliorer la circulation sanguine tout en diminuant la tension artérielle.

SC *Stimule le cœur* D *Facilite la digestion* AI *Anti-inflammatoire*

Mixez tous les ingrédients, excepté ceux de la garniture, dans un blender, jusqu'à l'obtention d'un mélange onctueux. Répartissez dans des bols et parsemez de garniture.

AVOINE & GRENADE

Pour 1 personne – Préparation : 10 minutes

INGRÉDIENTS

250 ml de lait de riz • 2 cuillerées à soupe de baies d'açaï en poudre
4 cuillerées à soupe de flocons d'avoine en poudre
2 cuillerées à soupe de myrtilles • 1 cuillerée à soupe de graines de grenade

GARNITURE

1 cuillerée à soupe de mûres blanches séchées • 1 cuillerée à soupe de myrtilles
1 cuillerée à soupe de framboises • 1 cuillerée à soupe de graines de grenade
1 cuillerée à soupe de graines de chanvre décortiquées

Les graines de grenade sont peu caloriques. Elles sont riches en fibres, en vitamines et en substances bénéfiques pour le cœur.

SC *Stimule le cœur* AI *Anti-inflammatoire* SP *Source de protéines*

Mixez tous les ingrédients, excepté ceux de la garniture, dans un blender, jusqu'à l'obtention d'un mélange onctueux. Versez dans un bol et parsemez de garniture.

KÉFIR & CAJOU

Pour 1 personne – Préparation : 10 minutes

INGRÉDIENTS

225 ml de kéfir • 2 bananes surgelées coupées en rondelles

3 cuillerées à soupe de beurre de noix de cajou

GARNITURE

1 cuillerée à soupe de noix de cajou hachées

1 cuillerée à soupe de pollen de fleurs

1 cuillerée à soupe de noix de coco râpée et séchée

1 cuillerée à soupe de graines de chia • 1 cuillerée à soupe de framboises

1 banane coupée en rondelles

Le kéfir est une source de probiotiques, qui rééquilibrent la flore intestinale.

SP *Source de protéines* D *Facilite la digestion* PE *Bénéfique pour la peau*

Mixez tous les ingrédients, excepté ceux de la garniture, dans un blender, jusqu'à l'obtention d'un mélange onctueux. Versez dans un bol et parsemez de garniture.

MÛRE & COCO

Pour 1 personne – Préparation : 10 minutes

INGRÉDIENTS

150 g de mûres surgelées • 1 banane surgelée coupée en rondelles
1 poignée de feuilles d'épinards • 230 ml de lait de coco non sucré

GARNITURE

1 cuillerée à café de graines de courge • 2 cuillerées à café de graines de chia
1 cuillerée à soupe de mûres • ½ banane coupée en rondelles
1 cuillerée à soupe de copeaux de noix de coco torréfiés

La noix de coco est très nourrissante. Elle est riche en fibres et en vitamines C, E, B1, B2, B5 et B6.

C *Stimule le cerveau* D *Facilite la digestion* BC *Bon pour le cœur*

Mixez tous les ingrédients, excepté ceux de la garniture, dans un blender, jusqu'à l'obtention d'un mélange onctueux. Versez dans un bol et parsemez de garniture.

CHIA & MANGUE

Pour 2 personnes – Préparation : 10 minutes + Trempage (facultatif) : 10 minutes

INGRÉDIENTS

150 g de mangue surgelée coupée en morceaux
180 ml de lait d'amande non sucré
180 ml de yaourt nature • 85 g de flocons d'avoine
2 cuillerées à soupe de graines de chia • 1 cuillerée à café d'extrait de vanille

GARNITURE

½ mangue épluchée et coupée en petits dés
2 cuillerées à soupe de noix de coco râpée et torréfiée
1 cuillerée à café de graines de chia • 1 cuillerée à café de cannelle en poudre
1 cuillerée à café de pollen de fleurs
1 cuillerée à soupe d'amandes finement hachées

Les mangues sont riches en bêtacarotène. Plus elles sont mûres, plus leur teneur en bêtacarotène est élevée.

CS *Stimule la circulation sanguine* **D** *Facilite la digestion* **E** *Énergétique*

Si vous le souhaitez, faites tremper les flocons d'avoine dans le lait d'amande pendant 10 minutes. Mixez tous les ingrédients, excepté ceux de la garniture, dans un blender, jusqu'à l'obtention d'un mélange onctueux. Répartissez dans des bols ou des verres et parsemez de garniture.

SMOOTHIE VERT À LA BANANE

Pour 2 personnes – Préparation : 10 minutes

INGRÉDIENTS

3 bananes surgelées coupées en rondelles
230 ml de lait d'amande non sucré • 3 poignées de pousses d'épinards • ¼ d'avocat
3 dattes Medjool dénoyautées • 1 cuillerée à soupe de racine de curcuma râpée

GARNITURE

1 cuillerée à soupe de noix de coco râpée et torréfiée • 1 cuillerée à soupe de graines de lin moulues • 1 cuillerée à soupe de graines de grenade • 2 cuillerées à soupe de granola au sarrasin (voir p. 11) • ½ avocat épluché et coupé en lamelles

Les bananes apportent du potassium, indispensable au bon fonctionnement des nerfs et des muscles et au maintien de l'équilibre des fluides dans le corps.

SP *Source de protéines* PE *Bénéfique pour la peau* D *Facilite la digestion*

Mixez tous les ingrédients, excepté ceux de la garniture, dans un blender, jusqu'à l'obtention d'un mélange onctueux. Répartissez dans des bols et parsemez de garniture.

MYRTILLE & PÊCHE

Pour 1 personne – Préparation : 10 minutes

INGRÉDIENTS

375 g de pêche surgelée coupée en lamelles • 1 banane surgelée coupée en rondelles
170 g de myrtilles surgelées • 120 ml d'eau de coco non sucrée

GARNITURE

60 g de noix hachées • 2 cuillerées à soupe de graines de chanvre décortiquées
2 cuillerées à soupe de mûres blanches séchées • 1 cuillerée à soupe de myrtilles
½ pêche épluchée, dénoyautée et coupée en fines lamelles • 1 filet de miel (facultatif)

Les mûres blanches sont riches en vitamines et en fer.
Ce dernier assure le transport de l'oxygène dans les cellules.

SP *Source de protéines* O *Renforce les os* AI *Anti-inflammatoire*

Mixez tous les ingrédients, excepté ceux de la garniture, dans un blender, jusqu'à l'obtention d'un mélange onctueux. Versez dans un bol et parsemez de garniture. Arrosez éventuellement d'un filet de miel.

ANANAS & POLLEN

Pour 1 personne – Préparation : 10 minutes

INGRÉDIENTS

150 g d'ananas surgelé coupé en morceaux • 1 banane surgelée coupée en rondelles
120 ml de lait de coco non sucré • le jus de ½ citron vert

GARNITURE

60 g de granola à la noix de coco (voir p. 11)
1 cuillerée à soupe de graines de chanvre décortiquées
1 cuillerée à soupe de pollen de fleurs • 1 cuillerée à soupe de framboises
1 cuillerée à soupe de mûres

L'ananas est très riche en vitamine C. Son jus est connu pour soulager la constipation et facilite la digestion.

O *Renforce les os* SI *Renforce le système immunitaire* PE *Bénéfique pour la peau*

Mixez tous les ingrédients, excepté ceux de la garniture, dans un blender, jusqu'à l'obtention d'un mélange onctueux. Versez dans un bol et parsemez de garniture.

FRAISE & CHIA

Pour 2 personnes – Préparation : 10 minutes

INGRÉDIENTS

150 g de fraises surgelées • 1 banane surgelée coupée en rondelles
90 ml de lait végétal non sucré (fruits à coque, soja, riz ou avoine)
90 ml de yaourt nature • 1 cuillerée à café de miel
2 cuillerées à soupe de graines de chia

GARNITURE

6 fraises coupées en lamelles • 1 banane coupée en rondelles
1 cuillerée à soupe d'amandes finement hachées

Les fraises ont une teneur élevée en bêtacarotène, en manganèse et en vitamine C, qui aident à combattre les rhumes et les infections ; elles contribuent aussi à prévenir le cancer et les problèmes cardiaques.

E *Énergétique* **D** *Facilite la digestion* **PE** *Bénéfique pour la peau*

Mixez tous les ingrédients, excepté ceux de la garniture, dans un blender, jusqu'à l'obtention d'un mélange onctueux. Répartissez dans des bols et parsemez de garniture.

FRAMBOISE & COCO

Pour 1 personne – Préparation : 10 minutes

INGRÉDIENTS

150 g de framboises surgelées • 150 g de mangue surgelée coupée en morceaux
250 ml d'eau de coco non sucrée • 1 ou 2 glaçons

GARNITURE

1 cuillerée à soupe de graines de chia
2 cuillerées à soupe de granola à la noix de coco (voir p. 11)
1 cuillerée à soupe de graines de courge • 1 cuillerée à soupe de graines de tournesol
1 cuillerée à soupe de miel

Les framboises sont un excellent dépuratif. Leurs propriétés astringentes naturelles contribuent à soulager les maux de ventre, les problèmes intestinaux et les maladies gingivales.

SP *Source de protéines* D *Facilite la digestion* AI *Anti-inflammatoire*

Mixez tous les ingrédients, excepté ceux de la garniture, dans un blender, jusqu'à l'obtention d'un mélange onctueux. Servez le smoothie dans un verre, en intercalant des couches de granola et de graines. Nappez de miel et parsemez de graines de chia.

SUPER VERT

Pour 1 personne – Préparation : 10 minutes

INGRÉDIENTS

1 poignée de chou kale • 1 laitue romaine coupée en morceaux
1 branche de céleri coupée en morceaux • ½ pomme épépinée et coupée en morceaux • 1 banane surgelée coupée en rondelles
60 ml d'eau de coco non sucrée • ½ concombre coupé en morceaux • 1 cuillerée à soupe de feuilles de coriandre
le jus de ½ citron • 1 poignée de glaçons

GARNITURE

1 cuillerée à soupe de dattes dénoyautées et hachées
½ banane coupée en rondelles • 1 cuillerée à soupe de granola au sarrasin (voir p. 11)
1 cuillerée à soupe d'amandes finement émincées
1 pincée de curcuma en poudre

Le chou kale a une teneur élevée en calcium, en vitamines et en minéraux, dont le soufre, bénéfique pour la peau et les cheveux.

O *Renforce les os* SP *Source de protéines* AI *Anti-inflammatoire*

Mixez tous les ingrédients, excepté ceux de la garniture, dans un blender, jusqu'à l'obtention d'un mélange onctueux. Versez dans un bol et parsemez de tous les ingrédients composant la garniture, sauf le curcuma. Saupoudrez ce dernier juste avant de servir.

AVOINE TROPICALE

Pour 1 personne – Préparation : 10 minutes

INGRÉDIENTS

150 g d'ananas surgelé coupé en morceaux • 120 ml de lait d'amande non sucré
120 ml de yaourt nature • 150 g de pêche surgelée coupée en lamelles
1 banane surgelée coupée en rondelles • 1 cm de gingembre pelé
60 g de flocons d'avoine

GARNITURE

½ pêche coupée en fines lamelles • 2 cuillerées à soupe de graines de tournesol
1 cuillerée à café de graines de chia • 1 cuillerée à soupe de myrtilles
1 cuillerée à soupe de noix de coco râpée et torréfiée

Les pêches constituent une excellente source de bêtacarotène et sont riches en vitamines et en minéraux. Leur jus, alcalinisant, aide à nettoyer le tube digestif.

C *Stimule le cerveau* SP *Source de protéines* CS *Stimule la circulation sanguine*

Mixez tous les ingrédients, excepté ceux de la garniture, dans un blender, jusqu'à l'obtention d'un mélange onctueux. Versez dans un bol et parsemez de garniture.

MANGUE D'ÉTÉ

Pour 1 personne – Préparation : 10 minutes

INGRÉDIENTS

150 g de mangue surgelée coupée en morceaux
2 bananes surgelées coupées en rondelles • 2 cuillerées à soupe de yaourt nature
1 cuillerée à soupe de beurre de cacahuètes sans morceaux
2,5 cm de gingembre épluché et haché • 2 dattes Medjool dénoyautées

GARNITURE

1 figue coupée en lamelles • 1 cuillerée à soupe de myrtilles
1 cuillerée à soupe de graines de chia
1 cuillerée à soupe de noix de coco râpée et torréfiée

Le gingembre prévient le rhume et la grippe. Il facilite l'élimination du mucus dans les sinus et des mucosités des poumons.

D *Facilite la digestion* CS *Stimule la circulation sanguine* PE *Bénéfique pour la peau*

Mixez tous les ingrédients, excepté ceux de la garniture, dans un blender, avec 100 ml d'eau, jusqu'à l'obtention d'un mélange onctueux. Versez dans un bol et parsemez de garniture.

AUGMENTER L'APPORT EN PROTÉINES

Ces délicieux smoothie bowls sont composés d'aliments riches en protéines. Ils vous rassasieront et vous aideront à tenir jusqu'au déjeuner sans grignoter.

Banane & sarrasin • Avocat & citron vert
Betterave & fruits rouges • Amande & cacao
Fruits rouges & baobab • Cacao & vanille
Fruits rouges & coco • Myrtille & amande
Avocat, lin & noix de pécan • Chaï protéiné
Cajou & avocat • Choco & fruits rouges
Avoine, fruits rouges & chia • Cacao, noisette
& chanvre • Coco & avoine • Maca rose
Vanille & fruits rouges • Cacahuète & cacao
Fruit du dragon protéiné • Pistache

BANANE & SARRASIN

Pour 2 personnes – Préparation : 10 minutes + Trempage : 12 heures

INGRÉDIENTS

170 g de flocons de sarrasin • 340 g de myrtilles
2 cuillerées à soupe de sirop d'érable • 120 ml de lait d'amande non sucré
1 banane surgelée coupée en rondelles • le jus de ½ citron

GARNITURE

1 kiwi épluché et coupé en rondelles • 3 fraises coupées en lamelles
1 cuillerée à soupe de myrtilles • 1 cuillerée à soupe d'amandes hachées
1 cuillerée à soupe de granola au sarrasin (voir p. 11)

Le sarrasin ne contient pas de gluten. Il est riche en fibres qui facilitent la digestion.

SV *Source de vitamines* O *Renforce les os* SM *Source de minéraux*

Faites tremper le sarrasin dans le lait d'amande pendant 12 heures. Le lendemain, mixez tous les ingrédients, excepté ceux de la garniture, dans un blender, jusqu'à l'obtention d'un mélange onctueux. Répartissez dans des bols et parsemez de garniture.

AVOCAT & CITRON VERT

Pour 1 personne – Préparation : 5 minutes

INGRÉDIENTS

1 avocat pelé et dénoyauté • 150 ml de lait d'amande non sucré
50 g de noix de cajou • le jus de 1 citron vert
20 g de protéines de chanvre en poudre • 1 cuillerée à café de beurre de coco
1 poignée de glaçons

GARNITURE

1 cuillerée à soupe de beurre de noix de cajou • 1 cuillerée à soupe de graines de chanvre décortiquées • 1 cuillerée à soupe de noix de coco râpée et torréfiée
1 cuillerée à soupe de granola à la noix de coco (voir p. 11)
5 grains de raisin blanc épépinés et coupés en rondelles

Les avocats ont une teneur élevée en vitamine E, en fer et en potassium.

PE *Bénéfique pour la peau* SV *Source de vitamines* SI *Renforce le système immunitaire*

Mixez tous les ingrédients, excepté ceux de la garniture, dans un blender, jusqu'à l'obtention d'un mélange onctueux. Versez dans un bol et parsemez de garniture.

BETTERAVE & FRUITS ROUGES

Pour 1 personne – Préparation : 10 minutes

INGRÉDIENTS

1 petite betterave pelée et coupée en morceaux • 1 poignée de feuilles d'épinards
¼ avocat • 80 g de myrtilles surgelées • 75 g de framboises surgelées
180 ml de lait végétal non sucré (fruits à coque, soja, riz ou avoine)
1 cuillerée à soupe de graines de chia • ½ cuillerée à café de cannelle en poudre
1 cuillerée à café d'extrait de vanille • 2 dattes Medjool dénoyautées

GARNITURE

1 cuillerée à soupe de noix de coco râpée et torréfiée • 3 fraises coupées
en lamelles • 1 cuillerée à soupe de framboises • 1 cuillerée à soupe de myrtilles
1 cuillerée à soupe de noix de pécan hachées

Le jus de betterave est bénéfique pour la vésicule biliaire, les reins et le foie.

SV *Source de vitamines* **E** *Énergisant* **AI** *Anti-inflammatoire*

Mixez tous les ingrédients, excepté ceux de la garniture, dans un blender, jusqu'à l'obtention d'un mélange onctueux. Versez dans un bol et parsemez de garniture.

AMANDE & CACAO

Pour 1 personne — Préparation : 10 minutes

INGRÉDIENTS

230 ml de lait d'amande non sucré • 2 bananes surgelées coupées en rondelles
1 cuillerée à soupe de cacao en poudre • 2 cuillerées à soupe de purée d'amandes

GARNITURE

1 banane coupée en rondelles • 1 cuillerée à soupe d'amandes finement émincées
1 cuillerée à soupe de purée d'amandes • 1 cuillerée à soupe de graines de chia
1 cuillerée à soupe de graines de chanvre décortiquées

Les amandes contiennent de la riboflavine et de la L-carnitine, deux nutriments dont l'efficacité sur la stimulation de l'activité cérébrale a été scientifiquement prouvée.

PE *Bénéfique pour la peau* SI *Renforce le système immunitaire* C *Stimule le cerveau*

Mixez tous les ingrédients, excepté ceux de la garniture, dans un blender, jusqu'à l'obtention d'un mélange onctueux. Versez dans un bol et parsemez de garniture.

FRUITS ROUGES & BAOBAB

Pour 1 personne – Préparation : 10 minutes

INGRÉDIENTS

250 g de melon coupé en morceaux • 75 g de framboises surgelées
230 ml de lait végétal non sucré (fruits à coque, soja, riz ou avoine)
2 cuillerées à soupe de protéines en poudre à la vanille
1 cuillerée à café de baobab en poudre • 2 cuillerées à soupe de purée d'amandes
1 poignée de glaçons

GARNITURE

1 cuillerée à soupe d'éclats de fèves de cacao • 1 cuillerée à soupe de noix de coco râpée et torréfiée • 1 cuillerée à soupe de myrtilles • 1 cuillerée à soupe de framboises • 1 cuillerée à soupe de granola à la noix de coco (voir p. 11)

Le baobab est une excellente source de vitamine C, de calcium, de potassium, de thiamine, de fibres et de vitamine B6.

SV *Source de vitamines* **AI** *Anti-inflammatoire* **D** *Facilite la digestion*

Mixez tous les ingrédients, excepté ceux de la garniture, dans un blender, jusqu'à l'obtention d'un mélange onctueux. Versez dans un bol et parsemez de garniture.

CACAO & VANILLE

Pour 2 personnes – Préparation : 10 minutes

INGRÉDIENTS

300 ml de lait d'amande non sucré • 170 g de myrtilles surgelées
2 poignées de pousses d'épinards • 1 cuillerée à soupe de cacao en poudre
1 cuillerée à soupe de graines de chanvre décortiquées • 2 dattes Medjool dénoyautées
60 ml de protéines de riz à la vanille • quelques gouttes d'extrait de vanille

GARNITURE

1 cuillerée à soupe de noix de coco râpée
2 cuillerées à soupe d'éclats de fèves de cacao • 2 cuillerées à soupe de baies de goji
2 cuillerées à soupe de myrtilles • 2 cuillerées à soupe de granola au sarrasin (voir p. 11)

Le cacao est riche en minéraux et en vitamines, ainsi qu'en protéines, en fibres et en acide oléique, un acide gras indispensable à la bonne santé du cœur.

SV *Source de vitamines* SM *Source de minéraux* CS *Stimule la circulation sanguine*

Mixez tous les ingrédients, excepté ceux de la garniture, dans un blender, jusqu'à l'obtention d'un mélange onctueux. Répartissez dans des bols et parsemez de garniture.

FRUITS ROUGES & COCO

Pour 1 personne – Préparation : 10 minutes

INGRÉDIENTS

170 g de cerises surgelées • 170 g de framboises surgelées
1 banane surgelée coupée en rondelles • 180 ml d'eau de coco non sucrée
2 cuillerées à soupe de noix de coco fraîche coupée en morceaux
60 g de protéines en poudre à la vanille

GARNITURE

2 cuillerées à soupe de framboises fraîches • 1 cuillerée à soupe de framboises séchées
1 cuillerée à soupe de copeaux de noix de coco torréfiés • 1 cuillerée à soupe
de beurre de noix de cajou • 1 cuillerée à soupe de petites feuilles de menthe

L'eau de coco est parfaite pour s'hydrater lors d'entraînements peu intensifs : une portion fournit 10 % des apports journaliers en potassium.

SV *Source de vitamines* **AI** *Anti-inflammatoire* **SI** *Renforce le système immunitaire*

Mixez tous les ingrédients, excepté ceux de la garniture, dans un blender, jusqu'à l'obtention d'un mélange onctueux. Versez dans un bol et parsemez de garniture.

MYRTILLE & AMANDE

Pour 1 personne – Préparation : 10 minutes

INGRÉDIENTS

230 ml de lait d'amande non sucré • 135 g de myrtilles surgelées
½ banane surgelée coupée en rondelles • 1 cuillerée à soupe de purée d'amandes
1 cuillerée à café de gingembre râpé • 1 pincée de cannelle en poudre

GARNITURE

1 cuillerée à soupe de granola au quinoa et au sésame noir (voir p. 11)
1 cuillerée à soupe de myrtilles • 1 cuillerée à soupe de copeaux de noix de coco séchés
1 cuillerée à soupe d'amandes finement émincées
1 cuillerée à soupe de graines de chia

Les myrtilles ont une forte teneur en vitamine C, qui favorise la formation du collagène, une protéine indispensable pour la peau et les vaisseaux sanguins.

O *Renforce les os* **D** *Facilite la digestion* **PE** *Bénéfique pour la peau*

Mixez tous les ingrédients, excepté ceux de la garniture, dans un blender, jusqu'à l'obtention d'un mélange onctueux. Versez dans un verre en intercalant des couches de myrtilles, de graines de chia, de granola ainsi que la moitié de la noix de coco et des amandes. Décorez avec la noix de coco et les amandes restantes.

AVOCAT, LIN & NOIX DE PÉCAN

Pour 2 personnes – Préparation : 10 minutes

INGRÉDIENTS

160 g de mélange de fruits rouges surgelés
2 bananes surgelées coupées en rondelles • ¼ d'avocat
345 ml de lait d'amande non sucré • 3 poignées de feuilles d'épinards
1 cuillerée à soupe de graines de lin moulues • 1 cuillerée à soupe de purée d'amandes

GARNITURE

1 cuillerée à soupe de graines de tournesol
1 cuillerée à soupe de granola au quinoa et au au sésame noir (voir p. 11)
2 cuillerées à soupe de noix de pécan torréfiées • 2 cuillerées à soupe de noix de coco râpée torréfiée • 2 cuillerées à soupe de fruits rouges frais

Les graines de lin sont riches en acides gras oméga-3
qui contribuent à la bonne santé du cœur.

SV *Source de vitamines* E *Énergisant* PE *Bénéfique pour la peau*

Mixez tous les ingrédients, excepté ceux de la garniture, dans un blender, jusqu'à l'obtention d'un mélange onctueux. Répartissez dans des bols et parsemez de garniture.

CHAÏ PROTÉINÉ

Pour 1 ou 2 personnes – Préparation : 5 minutes + Infusion : 5 minutes

INGRÉDIENTS

450 ml de lait d'amande non sucré • 2 bananes surgelées coupées en rondelles
2 sachets de thé chaï • 1 cuillerée à café de curcuma en poudre
½ cuillerée à café de cannelle en poudre • 1 cuillerée à soupe de miel
2 cuillerées à soupe de graines de chia • 1 cuillerée à soupe de purée d'amandes
4 cuillerées à soupe de protéines en poudre à la vanille • 8 glaçons

GARNITURE

1 banane coupée en rondelles • 1 cuillerée à soupe de graines de chanvre décortiquées • 1 cuillerée à soupe de graines de chia • 1 cuillerée à soupe d'amandes finement émincées • 1 pincée de cannelle en poudre

La cannelle participe à la régulation du taux de sucre dans le sang, limitant ainsi les envies de sucreries.

CS *Stimule la circulation sanguine* D *Facilite la digestion* SV *Source de vitamines*

Faites infuser le thé dans le lait chaud avec le curcuma et la cannelle pendant 5 minutes. Retirez les sachets de thé et mixez tous les ingrédients, excepté ceux de la garniture, avec le lait, dans un blender, jusqu'à l'obtention d'un mélange onctueux. Répartissez dans un ou deux bols et parsemez de garniture.

CAJOU & AVOCAT

Pour 1 personne – Préparation : 10 minutes

INGRÉDIENTS

1 poignée de pousses d'épinards • ¼ d'avocat pelé et dénoyauté
1 banane surgelée coupée en rondelles • 150 ml de lait d'amande non sucré
1 cuillerée à café de beurre de noix de cajou • 1 cuillerée à soupe de flocons d'avoine • 1 cuillerée à café de graines de lin moulues

GARNITURE

1 cuillerée à soupe de thé matcha • 1 kiwi épluché et coupé en rondelles
½ orange coupée en segments • 2 cuillerées à soupe de framboises fraîches ou surgelées • 1 cuillerée à soupe de pollen de fleurs • 1 cuillerée à café de curcuma en poudre • ½ de mangue coupée en morceaux • 1 cuillerée à soupe de pistaches
1 cuillerée à café de graines de chia

Les noix de cajou sont riches en minéraux, notamment en manganèse, potassium, cuivre, fer, magnésium, zinc et sélénium.

D *Facilite la digestion* **SI** *Renforce le système immunitaire* **PE** *Bénéfique pour la peau*

Mixez tous les ingrédients, excepté ceux de la garniture, dans un blender, jusqu'à l'obtention d'un mélange onctueux. Versez dans un bol et parsemez de garniture.

CHOCOLAT & FRUITS ROUGES

Pour 1 personne — Préparation : 5 minutes

INGRÉDIENTS

½ banane surgelée coupée en rondelles • 4 cuillerées à soupe de protéines en poudre au chocolat • 120 ml de lait d'amande non sucré
40 g de framboises • 40 g de mûres • 1 cuillerée à café de purée d'amandes
1 cuillerée à soupe d'éclats de fèves de cacao

GARNITURE

½ banane coupée en rondelles • 3 fraises coupées en lamelles
1 cuillerée à soupe de mûres • 1 cuillerée à soupe de granola au sarrasin (voir p. 11)
1 cuillerée à café de purée d'amandes • 1 cuillerée à café de graines de chia

Très riches en fer d'origine végétale, les mûres sont l'un des meilleurs aliments à consommer pour stimuler la production de globules rouges.

SV *Source de vitamines* SI *Renforce le système immunitaire*
CS *Stimule la circulation sanguine*

Mixez tous les ingrédients, excepté ceux de la garniture, dans un blender, jusqu'à l'obtention d'un mélange onctueux. Versez dans un bol et parsemez de garniture.

AVOINE, FRUITS ROUGES & CHIA

Pour 1 personne – Préparation : 10 minutes

INGRÉDIENTS

30 g de flocons d'avoine • 3 cuillerées à soupe de graines de chia
1 banane surgelée coupée en rondelles • 1 fruit du dragon (pitaya) à chair rouge coupé en deux et pelé • 80 g de framboises surgelées
1 kiwi épluché • 1 cuillerée à soupe de maca en poudre
1 cuillerée à café de spiruline (algue en poudre) • 120 ml d'eau de coco non sucrée

GARNITURE

1 cuillerée à soupe de myrtilles • 1 cuillerée à soupe de framboises
1 cuillerée à soupe de baies de goji • 1 cuillerée à soupe de graines de lin moulues
1 cuillerée à soupe de pollen de fleurs

Le fruit du dragon est riche en vitamine C et en fibres.

SV *Source de vitamines* CS *Stimule la circulation sanguine* E *Énergisant*

Mixez tous les ingrédients, excepté ceux de la garniture, dans un blender avec 120 ml d'eau, jusqu'à l'obtention d'un mélange onctueux. Versez dans un bol et parsemez de garniture.

CACAO, NOISETTE & CHANVRE

Pour 1 ou 2 personnes – Préparation : 10 minutes + Trempage : 30 minutes

INGRÉDIENTS

2 ou 3 bananes surgelées coupées en rondelles • 60 g de noisettes
180 ml de lait de noisette non sucré • 3 dattes Medjool dénoyautées
2 cuillerées à soupe de cacao en poudre
2 cuillerées à soupe de graines de chanvre décortiquées

GARNITURE

2 cuillerées à soupe de noisettes hachées • 1 banane coupée en rondelles
1 cuillerée à soupe de graines de chanvre décortiquées
1 cuillerée à soupe d'éclats de fèves de cacao
1 cuillerée à soupe de granola au sarrasin (voir p. 11)

Les graines de chanvre sont une bonne source de fer, d'acides gras oméga-3 et de protéines végétales.

SM *Source de minéraux* O *Renforce les os* D *Facilite la digestion*

Faites tremper les noisettes dans de l'eau pendant 30 minutes.
Mixez tous les ingrédients, excepté ceux de la garniture, dans un blender, jusqu'à l'obtention d'un mélange onctueux.
Répartissez dans un ou deux bols et parsemez de garniture.

COCO & AVOINE

Pour 1 personne – Préparation : 10 minutes

INGRÉDIENTS

230 ml d'eau de coco non sucrée • 30 g de flocons d'avoine
1 cuillerée à soupe de graines de chia • ½ cuillerée à café d'extrait de vanille
1 banane surgelée coupée en rondelles

GARNITURE

½ mangue épluchée et coupée en dés
1 cuillerée à soupe de noix de coco râpée et torréfiée
1 cuillerée à café d'éclats de fèves de cacao
1 cuillerée à soupe de granola au quinoa et au au sésame noir (voir p. 11)
1 cuillerée à soupe de dattes hachées

Les graines de chia contiennent de l'acide alpha-lipoïque, un antioxydant puissant qui contribue à améliorer la santé de la peau.

SV *Source de vitamines* D *Facilite la digestion* CS *Stimule la circulation sanguine*

Mixez tous les ingrédients, excepté ceux de la garniture, dans un blender, jusqu'à l'obtention d'un mélange onctueux. Versez dans un bol et parsemez de garniture.

MACA ROSE

Pour 1 personne – Préparation : 10 minutes

INGRÉDIENTS

1 banane surgelée coupée en rondelles • 70 g de fraises surgelées
70 g de framboises surgelées • 230 ml de lait végétal non sucré (fruits à coque, soja, riz ou avoine) • 2 cuillerées à soupe de protéines en poudre à la vanille
1 cuillerée à café de maca en poudre

GARNITURE

1 cuillerée à soupe de framboises • 3 fraises coupées en lamelles
1 cuillerée à soupe de graines de grenade
1 cuillerée à soupe de graines de chanvre décortiquées
1 cuillerée à café de baies de goji • 2 cuillerées à soupe de yaourt nature

La maca est riche en vitamines B, C et E.
Elle est connue pour agir sur les troubles de l'humeur.

SV *Source de vitamines* **PE** *Bénéfique pour la peau* **CS** *Stimule la circulation sanguine*

Mixez tous les ingrédients, excepté ceux de la garniture, dans un blender, jusqu'à l'obtention d'un mélange onctueux. Versez dans un verre en intercalant des couches de yaourt, de framboises, de fraises et de baies de goji. Décorez avec les graines de grenade et de chanvre.

VANILLE & FRUITS ROUGES

Pour 2 personnes – Préparation : 10 minutes

INGRÉDIENTS

1 banane surgelée • 150 g de framboises surgelées
230 ml de lait d'amande non sucré • 4 cuillerées à soupe de protéines en poudre à la vanille • 2 cuillerées à soupe de graines de chia

GARNITURE

60 g de granola à la noix de coco (voir p. 11) • 2 cuillerées à soupe de framboises
2 cuillerées à soupe d'éclats de fèves de cacao • 2 cuillerées à soupe de myrtilles
2 cuillerées à soupe de noix de coco râpée et torréfiée

Les framboises ont un index glycémique faible, ce qui contribue à limiter les variations du taux de glycémie.

SV *Source de vitamines* SM *Source de minéraux* PE *Bénéfique pour la peau*

Mixez tous les ingrédients, excepté ceux de la garniture, dans un blender, jusqu'à l'obtention d'un mélange onctueux. Répartissez dans des bols et parsemez de garniture.

CACAHUÈTE & CACAO

Pour 1 personne – Préparation : 10 minutes

INGRÉDIENTS

230 ml de lait d'amande non sucré • 1 cuillerée à soupe de beurre de cacahuètes non sucré • 1 banane surgelée coupée en rondelles
½ cuillerée à soupe d'éclats de fèves de cacao

GARNITURE

1 cuillerée à soupe de granola à la noix de coco (voir p. 11)
½ cuillerée à soupe d'éclats de fèves de cacao • 1 banane coupée en rondelles
1 cuillerée à café de beurre de cacahuètes
1 cuillerée à café d'amandes finement émincées

Le beurre de cacahuètes possède une teneur élevée en protéines ainsi qu'en potassium, qui diminue le risque d'hypertension artérielle, d'AVC et de maladies cardiaques.

CS *Stimule la circulation sanguine* PE *Bénéfique pour la peau*
SI *Renforce le système immunitaire*

Mixez tous les ingrédients, excepté ceux de la garniture, dans un blender avec 130 ml d'eau, jusqu'à l'obtention d'un mélange onctueux. Versez dans un bol et parsemez de garniture.

FRUIT DU DRAGON PROTÉINÉ

Pour 1 personne – Préparation : 10 minutes

INGRÉDIENTS

75 g de framboises surgelées • 2 bananes surgelées coupées en rondelles
2 fruits du dragon (pitayas) à chair rouge coupés en deux et pelés
120 ml de lait d'amande non sucré
2 cuillerées à soupe de beurre de noix de cajou

GARNITURE

1 cuillerée à café de pollen de fleurs • 1 cuillerée à café de baies de goji
1 cuillerée à café de graines de chanvre décortiquées
1 cuillerée à soupe de framboises • 1 cuillerée à café d'amandes

Le pollen de fleurs est composé de 40 % de protéines.
Il contient de nombreux acides aminés indispensables.

AI *Anti-inflammatoire* SV *Source de vitamines* L *Booste la libido*

Mixez tous les ingrédients, excepté ceux de la garniture, dans un blender, jusqu'à l'obtention d'un mélange onctueux. Versez dans un bol et parsemez de garniture.

PISTACHE

Pour 1 personne – Préparation : 10 minutes

INGRÉDIENTS

125 g de pistaches non salées décortiquées
1 avocat pelé et dénoyauté • 1 poignée de pousses d'épinards
2 cuillerées à café de jus de citron • 4 cuillerées à soupe de sirop d'érable

GARNITURE

1 cuillerée à soupe de pistaches finement hachées • 1 cuillerée à café de graines de chanvre décortiquées • 1 cuillerée à café de graines de lin moulues
1 cuillerée à soupe de graines de grenade

Outre leur teneur en minéraux et en bonnes graisses, les pistaches constituent une excellente source de protéines.

CO *Renforce le corps* PE *Bénéfique pour la peau* SI *Renforce le système immunitaire*

Mixez tous les ingrédients, excepté ceux de la garniture, dans un blender avec 230 ml d'eau, jusqu'à l'obtention d'un mélange onctueux. Versez dans un bol et parsemez de garniture.

INDEX

Les entrées en italique se réfèrent au nom des recettes

REMERCIEMENTS

Un grand merci à Kathy Steer, Abi Waters, Frances Luard, Beatrice da Costa et Michelle Tilly pour leur incroyable travail sur ce livre. Le petit déjeuner ne sera plus jamais pareil !

Ouvrage coréalisé en Grande-Bretagne par :

Coordination éditoriale : Catie Ziller

Auteur : Fern Green

Graphiste : Michelle Tilly

Photographe : Beatriz da Costa

Styliste culinaire : Frances Luard

Suivi éditorial : Kathy Steer et Abi Waters

Pour la traduction française :

Suivi éditorial : Marion Pipart - La Nouvelle

Traduction : Anne-Claire Levaux

Préparation des textes : Céline de Quéral

Relecture : Sabrina Bendersky

Maquette : François Giraudet

PAPIER À BASE DE FIBRES CERTIFIÉES

MARABOUT
s'engage pour l'environnement en réduisant l'empreinte carbone de ses livres.
Celle de cet exemplaire est de :
1000 g éq. CO_2
Rendez-vous sur
www.marabout-durable.fr

58, rue Jean Bleuzen
92178 Vanves Cedex

8397901/01

ISBN : 978-2-501-11535-3

Dépôt légal : août 2016

Achevé d'imprimer en juillet 2016
sur les presses de Graficas Estella, en Espagne